ANALISI DEL LIBRO

AF156543

La schiuma dei giorni

BORIS VIAN

ANALISI DEL LIBRO

Scritto da Catherine Bourguignon
Tradotto da Sara Rossi

La schiuma dei giorni

BORIS VIAN

BORIS VIAN

SCRITTORE FRANCESE

- **Nato a Ville-d'Avray nel 1920**
- **Morto a Parigi nel 1959**
- **Opere degne di nota:**
  - *Sputo sulle vostre tombe* (1946), romanzo
  - *La La schiuma dei giorni* (1947), romanzo
  - *L'acchiappacuori* (1953), romanzo

Lo scrittore francese Boris Vian (1920-1959) ha lasciato un'eredità di opere molto varie: romanzi, poesie, canzoni, commedie musicali, adattamenti teatrali dei suoi romanzi, sceneggiature e opere. Fu anche musicista jazz.

Il suo primo famoso romanzo, *I Spit on Your Graves* (pubblicato nel 1946 con lo pseudonimo di Vernon Sullivan) fu un vero e proprio bestseller, prima di essere bandito e condannato per violazione della pubblica decenza nel 1947. Nello stesso anno pubblica *Froth on the Daydream* e *Autumn in Peking*. *Heartsnatcher* fu pubblicato più tardi, nel 1953.

Boris Vian è morto all'età di 39 anni. Il suo gusto per la provocazione ha portato a un ulteriore successo delle sue opere negli anni Sessanta e Settanta (maggio '68). Sempre moderni, i suoi testi sono senza tempo. Soprattutto, la sua creatività verbale ha avuto un notevole impatto sulla letteratura francese.

LA SCHIUMA DEI GIORNI

UNA TRAGICA STORIA D'AMORE

- **Genere:** Romanzo
- **Edizione di riferimento:** Vian, B. (1963) *L'Écume des jours*. Parigi: Union Générale des Éditeurs.
- **Prima edizione:** 1947
- **Temi:** amore, jazz, surrealismo, esistenzialismo, felicità, morte

La schiuma dei giorni, pubblicato nel 1947, è il più noto dei romanzi di Boris Vian, sebbene sia passato quasi inosservato al momento della sua pubblicazione. Racconta una storia d'amore con un finale tragico. La storia è ambientata in un mondo che obbedisce a leggi surreali e Vian gioca con il linguaggio per costruire questo ambiente: ogni pagina, e quasi ogni riga, presenta al lettore giochi di parole e parole inventate.

Scritto all'indomani della Seconda guerra mondiale, questo romanzo fa parte del rinnovamento del genere romanzesco che caratterizza questo periodo, concentrandosi sulla scrittura piuttosto che sulla descrizione della realtà.

SINTESI

LA RIUNIONE

Un giovane pensionato, Colin, riceve la visita dell'amico Chick nel suo appartamento e gli presenta Nicolas, il suo nuovo cuoco. Colin gli mostra la sua nuova invenzione, il "pianocktail", che prepara cocktail in base alle melodie suonate. Chick racconta a Colin del suo incontro con Alise a una conferenza di Jean-Sol Partre: si scopre che è la nipote di Nicolas. Come Chick, anche Colin non desidera altro che innamorarsi.

Quando Chick, Alise e Colin sono alla pista di pattinaggio, due incidenti causano la morte di diverse persone, ma non è nulla di straordinario. Colin incontra la sua amica Isis, che lo invita a una festa organizzata per il compleanno del suo barboncino, che si terrà la settimana successiva. Alla festa, per la quale Nicolas gli insegna a ballare, Colin incontra Chloé.

Quando Chick cena a casa di Colin, quest'ultimo rivela che vorrebbe rivedere Chloé: Chick, nel frattempo, torna a parlare della sua passione per Jean-Sol Partre. Quando Nicolas porta la torta, i loro desideri vengono esauditi: in essa Colin scopre un appuntamento con Chloé e Chick trova un libro di Partre. Durante l'appuntamento, Colin e Chloé si baciano.

Mentre Chloé parte per il Sud della Francia, Colin invita Chick e Alise a casa sua, dove annuncia il suo imminente matrimonio con la giovane donna e offre all'amico un quarto del suo patrimonio affinché possa sposare Alise continuando a collezionare le opere di Jean-Sol Partre.

La chiesa è addobbata per il matrimonio e tutto è al suo posto: le "damigelle d'onore", i "religiosi", il "maggiordomo" e lo "sciamano", Chloé, Alise, Isis e, infine, Colin e Chick. La cerimonia religiosa ha luogo. È un evento grandioso e gli sposi sono felicissimi ma, all'uscita, Chloé tossisce, segno della sua imminente malattia. Lei e Colin partono subito per la luna di miele e sulla strada incrociano gli operai di una miniera di rame. Questo attira la loro attenzione: Colin pensa che gli uomini lavorino perché sono stati convinti che tale attività sia interessante, ma ritiene che si tratti di stupidità, poiché lui stesso non ha mai avuto bisogno di lavorare per vivere. Arrivano all'hotel. La finestra della stanza è rotta e Chloé prende il raffreddore.

LA MALATTIA

Nel frattempo, Isis, Alise e Chick assistono a una conferenza di Jean-Sol Partre. Alise li informa che Chloé è malata e che gli sposi torneranno prima del previsto. L'oratore arriva a cavallo di un elefante e le sue guardie si fanno strada tra la folla brandendo delle asce: il pubblico viene massacrato. Il tetto della sala crolla davanti a Partre che ride.

Al ritorno dal viaggio di nozze, Colin e Chloé scoprono che l'appartamento è meno luminoso di prima. Il giovane inizia a preoccuparsi quando si rende conto che la sua fortuna è già diminuita in modo significativo. Tuttavia, i sei amici sono felici di incontrarsi e di trascorrere il pomeriggio insieme: le donne andranno a fare shopping, prima di raggiungere gli uomini alla pista di pattinaggio. Ma, una volta lì, Colin riceve una telefonata: Chloé è svenuta. Si precipita a casa e la trova tranquillamente distesa nel loro letto.

Decide di chiamare un medico ma quando arriva, Nicolas, ritenendolo stupido, lo caccia via. Consiglia a Colin di consultare il dottor Mangemanche che, al suo arrivo, rileva un rumore anomalo nel polmone destro della giovane donna. Tuttavia, preferendo astenersi dal formulare una diagnosi, invita Chloé a sottoporsi a un esame completo nel suo studio. Per consolare Colin, gli mostra una foto di sua moglie: Colin ride, come tutti quelli che hanno visto la foto, a quanto pare.

Qualche giorno dopo, Colin e Chloé sono a casa. Chloé accetta di farsi curare a condizione di fare l'amore, dopodiché si recano dal dottor Mangemanche per una visita. La diagnosi viene fatta: Chloé ha una ninfea nel polmone destro. Deve inalare i fiori e non può bere più di un cucchiaino d'acqua al giorno.

Mentre Colin e Chick vanno in farmacia a comprare le medicine per Chloé, Chick confessa all'amico di aver speso quasi tutti i soldi che gli erano stati dati per acquistare i libri di Jean-Sol Partre e di non avere più abbastanza soldi per sposare Alise.

A poco a poco, l'appartamento diventa sempre più buio: le stanze si sono rimpicciolite e Nicolas sembra invecchiato. Chloé riceve la visita di Alise, che parla all'amica della passione di Chick per Jean-Sol Partre: lei ama Chick, ma lui sembra preferire i suoi libri. Colin, che è lontano, cerca lavoro per provvedere alle necessità di Chloé: la donna deve essere costantemente circondata da fiori e deve continuare a seguire le sue cure, che sono estremamente dolorose, mentre i soldi del giovane pensionato stanno per finire. Inoltre, lo zio che aveva dato i soldi a Colin è morto e lui è ancora in cerca di lavoro. Dopo l'ennesimo rifiuto, vende il "pianocktail". L'appartamento è sempre più malandato e il topo che vive nel corridoio è sempre più freddo. Colin chiede a Nicolas di lavorare altrove: non può più permettersi di pagarlo.

Confermando i pensieri di Alise, Chick si ferma in una libreria sulla strada per la casa di Colin, dove, sopraffatto dalla sua ossessione per Partre, non può fare a meno di comprare pantaloni e una pipa che si presume siano appartenuti all'autore. Nel frattempo, Chloé parte per la montagna, per curarsi e sottoporsi a un'operazione. Al suo ritorno, però, capisce che, nonostante la rimozione della ninfea, ha perso anche il polmone destro. Come le dice il dottor Mangemanche, sarebbe grave se anche il polmone sinistro venisse infettato.

L'appartamento degli sposi continua a deteriorarsi. Isis visita Chloé, il cui altro polmone è ora colpito dalla malattia. Nel frattempo, Colin trova finalmente lavoro: aiuta le canne dei fucili a crescere con il calore del suo corpo, sdraiandosi su di esse. Ma al loro posto cominciano a crescere dei fiori e viene licenziato. Tuttavia, trova un altro lavoro: è il guardiano della riserva d'oro, incaricato di sorvegliare la zona e di urlare ogni volta che vede un ladro.

LA MORTE DI CHICK E ALISE

Nella fabbrica in cui lavora Chick, un macchinario si rompe, uccidendo quattro operai: quando Chick è andato a trovare i suoi superiori, il rendimento del suo gruppo di lavoro è sceso troppo. Viene licenziato e spende il suo ultimo stipendio in dischi di registrazioni di Partre.

Quando Alise arriva a casa di Colin e Chloé, è sconvolta. Chick l'ha lasciata: il suo amore per i libri è stato più forte e la sua ossessione per Partre ha finito per prendere il sopravvento sulla sua mente. Chick si è chiuso in casa, circondato dai suoi libri e dalle sue reliquie. Non ha pagato le tasse e quando il Seneschal e i suoi sei agenti armati arrivano per recuperarli, Chick viene accidentalmente ucciso.

Nel frattempo, Alise si reca da Jean-Sol Partre per chiedergli di smettere di pubblicare libri: al suo rifiuto, lo uccide sul posto. Poi fa visita a tutti i librai da cui Chick aveva acquistato i suoi libri, li uccide e dà fuoco alle loro librerie. Venuto a conoscenza della morte di Partre, Nicolas intuisce che la nipote è coinvolta e si mette alla sua ricerca. Nell'ultima delle librerie bruciate, trova i suoi capelli splendenti: capisce che è morta.

LA NINFEA

Isis e Nicolas vanno a trovare Chloé: Nicolas sa che Chick e Alise sono morti e che anche Chloé morirà. Colin torna a casa con dei fiori. È diventato un annunciatore di cattive notizie: deve avvertire le persone delle disgrazie che accadranno loro il giorno dopo. L'incarico è molto ben retribuito, ma la gente lo accoglie molto male. Un giorno, nell'elenco delle disgrazie da annunciare, trova il suo stesso nome: Chloe sta per morire.

Alla morte della giovane donna, Colin si reca dal prete per organizzare il funerale — una cerimonia per i poveri: è quasi rovinato. Al funerale, la bara viene gettata dal finestrino, l'autista del convoglio canta a squarciagola, i portatori sono sporchi e mal vestiti e svuotano la bara nella fossa.

Vedendo la ninfea salire a pelo d'acqua, Colin vuole ucciderla: morirà. Nel frattempo, il topo lo guarda e vuole morire anche lui: chiede a un gatto di mangiarlo.

STUDIO DEL PERSONAGGIO

COLIN

È il protagonista del romanzo, un giovane ricco di 22 anni: il denaro che possiede gli permette di non lavorare. Assume un nuovo chef: Nicolas. Non desidera altro che innamorarsi. A una festa incontra Chloé.

Il personaggio di Colin non viene rivelato completamente. È un giovane snob che ama la vita facile e l'ascolto della musica jazz e non apprezza il lavoro, la gerarchia, la violenza e le difficoltà relazionali. È gentile e molto generoso (dona un quarto della sua fortuna all'amico Chick e spende tutti i suoi soldi per salvare Chloé).

Di fronte alla malattia della moglie, sarà costretto a riconsiderare alcuni dei suoi principi (ad esempio, con le risorse in esaurimento, dovrà lavorare e separarsi dalla sua cuoca).

CHLOÉ

È un po' più giovane degli uomini. Amica di Isis, partecipa alla festa che quest'ultima organizza per il compleanno del suo barboncino: è qui che incontra Colin. Giovane donna fragile e molto gentile, non ha un'attività specifica.

CHICK

È un buon amico di Colin. Meno ricco di lui, Chick è costretto a lavorare come ingegnere e prende regolarmente in prestito denaro dallo zio. Affascinato da Jean-Sol Partre, nel corso della storia sviluppa un'ossessione per lo scrittore: assiste a tutte le sue conferenze, acquista l'attrezzatura necessaria per registrarle e compra tutti i suoi libri. Questa mania prende gradualmente il sopravvento sulla sua mente, al punto che non è più in grado di avere una relazione con Alise.

ALISE

Anche Alise, l'amante di Chick, è più giovane degli uomini. Animata da uno spirito deciso, si dimostra determinata e lucida. Vuole lavorare per aiutare il suo amato e finisce per uccidere Partre per salvare Chick dalla sua ossessione.

NICOLAS

All'inizio della storia lavora per Colin come cuoco. Appassionato della sua arte, segue alla lettera le ricette de *Il libro di cucina reale* di Jules Gouffé (famoso cuoco e panettiere francese, 1807-1877) e ama parlare delle sue preparazioni con Colin. A 29 anni, sembra più maturo degli altri personaggi della storia e rappresenta una sorta di figura autoritaria nel gruppo.

JEAN-SOL PARTRE

Questo personaggio si riferisce a Jean-Paul Sartre (1905-1980), filosofo e scrittore francese, contemporaneo di Boris Vian, che sviluppò il pensiero esistenzialista (L'*essere e il nulla*, 1943): per lui la natura umana non esiste e il mondo è privo di senso, il che significa che l'uomo è completamente libero e deve inventare la propria strada; è quindi responsabile delle proprie scelte, sia di fronte a se stesso che agli altri. Oltre agli scritti filosofici, Sartre ha lasciato diversi romanzi (ad esempio, *Nausea*, 1938) e opere teatrali (ad esempio, *Senza uscita*, 1944). Ha avuto una notevole influenza sulla società del dopoguerra. Qui viene presentato come un autore molto conosciuto (la sala è gremita durante la sua conferenza) e oggetto dell'ossessione di Chick, che vuole possedere tutti i suoi libri. Le idee che sostiene, tuttavia, non vengono descritte.

ANALISI

UN MONDO IN UNA LINGUA

Froth on the Daydream ha avuto un impatto sulla letteratura soprattutto per il mondo surreale che vi è stato creato. Vian non si è limitato a costruire un mondo diverso dal nostro, ma si è spinto oltre. Il mondo in cui Colin e i suoi amici si evolvono è situato al di fuori delle leggi razionali che costituiscono le fondamenta della nostra realtà:

- più la malattia di Chloé si sviluppa, più l'appartamento di Colin si restringe e si oscura;
- Colin fa crescere le canne dei fucili usando il calore della sua pancia (Capitolo 51);
- una ninfea cresce nel polmone di Chloé e, per superarla, deve inalare fiori (capitolo 40);
- le finestre rotte guariscono da sole, ecc.

Tutti questi eventi non corrispondono alla nostra logica.

Questo mondo si basa sul linguaggio. Vian sfrutta il significato letterale delle espressioni (ad esempio, il farmacista "esegue" una ricetta con una ghigliottina) e inventa parole trasformando parole esistenti ("antiquitaire", che potrebbe essere tradotto come "antiquario") o inventando neologismi per descrivere nuove invenzioni (il pianoforte che mescola i cocktail, inventato da Colin, si chiama "pianocktail"). Con Vian, romanzo e poesia si fondono.

UNA CRITICA DELL'ORDINE SOCIALE

La narrazione è caratterizzata da un chiaro rifiuto dell'ordine sociale:

- la negazione del lavoro. Chick e Colin sfidano una società in cui il lavoro è uno dei fondamenti: non vogliono lavorare. Questo tema è onnipresente: ad esempio, Chloé inizia a tossire non appena lei e Colin incrociano gli operai che lavorano sul ciglio della strada (capitolo 25);

- negazione dei legami familiari. Vian non menziona mai le famiglie dei suoi personaggi. Non si parla dei genitori di Colin, ma si presume che la sua fortuna derivi dall'eredità;

- sovversione della Chiesa. La cerimonia del matrimonio è molto fantasiosa e ostentata, più simile a uno spettacolo o a un carnevale che a un momento solenne, e il funerale è scioccante: la sua esecuzione dipende dal prezzo che Colin è disposto a pagare, ma lui è povero;

- sovversione dell'amministrazione. "In un'altra vetrina, un omone con un grembiule da macellaio massacrava bambini piccoli. Era una vetrina di propaganda per la Pubblica Assistenza" (capitolo 13);

- Totale indifferenza. Nella pista di pattinaggio, le persone muoiono due volte ed entrambe le volte ciò viene presentato come una banalità. Durante la cerimonia nuziale, il direttore d'orchestra cade dalla pedana e si schianta al suolo: anche questo è un incidente senza alcun significato particolare ("Il direttore d'orchestra, che era troppo vicino al bordo, era appena caduto nel vuoto, e il vice-conduttore prese il comando del gruppo", capitolo 21).

UNA PARODIA DELL'ESISTENZIALISMO

Jean-Sol Partre, personaggio forte della storia, rappresenta Jean-Paul Sartre, contemporaneo di Boris Vian (i due autori si conoscevano effettivamente) e figura pionieristica dell'esistenzialismo, come abbiamo già visto.

Vian lo presenta come un grande autore che tiene conferenze, ma non descrive il contenuto dei suoi testi o le idee che sostiene. La superficialità di Chick è messa in evidenza: assiste a tutte le conferenze di Partre ma non ascolta veramente ciò che dice; compra tutti i suoi libri ma non li legge mai. Il suo interesse per Partre è solo superficiale. In questo modo, Vian denuncia i suoi contemporanei che si interessano all'esistenzialismo per puro snobismo.

PERSONAGGI DESCRITTI DALLE LORO AZIONI

È inutile cercare un'analisi psicologica in questo romanzo di Boris Vian, poiché tutti i personaggi sono trattati in modo comportamentista: la loro psicologia è rivelata dai loro gesti e dalle loro azioni. Pertanto, la storia non approfondisce questo aspetto. Inoltre, i personaggi non hanno un passato e le loro famiglie non vengono mai menzionate; tutti (forse ad eccezione di Nicolas) hanno una certa purezza, un'anima quasi adolescenziale;

⊙ INFORMAZIONI AGGIUNTIVE: COMPORTAMENTISMO

Il comportamentismo è una corrente della psicologia apparsa all'inizio del XX secolo negli Stati Uniti. Studia l'influenza fondamentale dei fattori ambientali sul comportamento degli individui.

UN ROMANZO CON TRATTI AUTOBIOGRAFICI

La presenza di numerose allusioni al jazz (l'importanza della canzone *Chloe* di Duke Ellington) e al tema della malattia sono tutti elementi che rimandano direttamente alla vita di Boris Vian: oltre all'attività letteraria, egli fu musicista jazz e soffrì fin dall'infanzia di una malattia cardiaca, che qui viene trasposta nella forma poetica di una ninfea.

ULTERIORI RIFLESSIONI

ALCUNE DOMANDE SU CUI RIFLETTERE...

- Il romanzo, nonostante la sua originalità e il mondo stravagante che descrive, contiene tratti autobiografici. Quali sono? Possiamo quindi considerarlo un'autobiografia?

- Boris Vian era anche un musicista popolare ai suoi tempi. Evidenziate le allusioni alla musica e cercate di spiegarne il ruolo nel romanzo.

- *Froth on the Daydream* è un'opera in cui l'umorismo è presente. Come funziona? Evidenziate gli elementi principali sottoposti a parodia e derisione.

- Boris Vian ha fatto parte del movimento di rinnovamento letterario del secondo dopoguerra. Quali sono le caratteristiche principali di questo movimento che si ritrovano nel romanzo?

- Il mondo descritto nel romanzo è creato principalmente con il linguaggio. In che modo l'autore lo utilizza per creare un "mondo in una lingua"?

- Confrontate *Froth on the Daydream* con *Alice nel Paese delle Meraviglie* di Lewis Carroll. Che cosa hanno in comune i due romanzi?

- Alcuni critici considerano Vian come un successore delle avanguardie del dopoguerra (dadaismo, surrealismo, ecc.). Spiegate questo punto di vista.

- Confrontate La *schiuma del sogno ad occhi aperti* con *Padre Goriot* di Balzac. In che cosa differiscono questi due romanzi? Confrontate il modo in cui i temi e l'universo vengono affrontati in entrambe le opere. Non hanno forse elementi simili di "mise en abyme"?

- Sebbene sia umoristico e assurdo, il romanzo è comunque una critica pungente della società. Quali sono i valori sociali dominanti che la storia cerca di denunciare?

- Descrivete la parodia presentata dal romanzo contro l'esistenzialismo. Come possiamo interpretare l'ossessione di Chick per Partre?

ULTERIORI LETTURE

EDIZIONE DI RIFERIMENTO

Vian, B. (1963) *L'Écume des jours*. Parigi: Union Générale des Éditeurs.

STUDI DI RIFERIMENTO

Gauthier, M. (1973) La La schiuma dei giorni. *Boris Vian. Un'analisi critica*. Parigi: Hatier.

Vogliamo sapere da voi!
Lasciate un commento sulla vostra biblioteca online
e condividete i vostri libri preferiti sui social media!

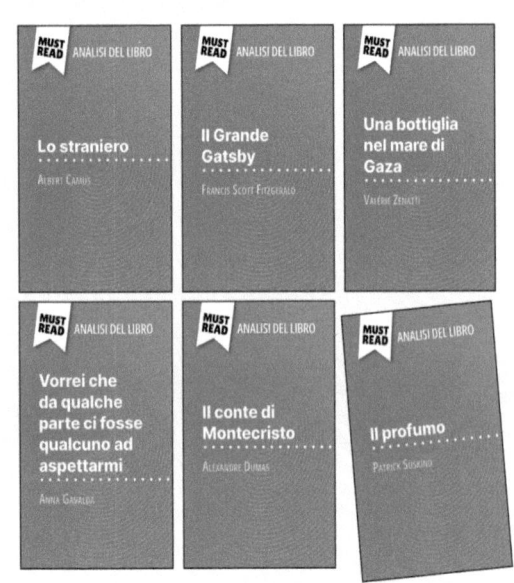

www.50minutes.com

Master ISBN: 9782808689939
ISBN cartaceo: 9782808611336
Deposito legale: D/2023/12603/1413

Copertura: © Primento

Concezione digitale a cura di Primento, il partner digitale degli editori.